MÉLANIE CALVAT, Bergère de la Salette

LE
SECRET DE LA SALETTE

ET

L'APPARITION

DE LA

TRÈS SAINTE VIERGE

SUR LA

Sainte Montagne, le 19 Septembre 1846

Avec Imprimatur de Mgr l'Évêque de Lecce
et le portrait de Mélanie

*« Eh bien ! mes enfants, vous le
ferez passer à tout mon peuple. »*

EN VENTE

A LA LIBRAIRIE SAINTE-GENEVIÈVE

9, Rue Clovis, PARIS

PRIX : 0 fr. 30 cent.

MÉLANIE CALVAT

Bergère de la Salette

LE

SECRET DE LA SALETTE

ET

L'APPARITION

DE LA

TRÈS SAINTE VIERGE

Sur la Sainte Montagne

Lk⁷
35215

Mélanie CALVAT, Bergère de la Salette.

LE
SECRET DE LA SALETTE

ET

L'APPARITION

DE LA

TRÈS SAINTE VIERGE

SUR LA

Sainte Montagne, le 19 Septembre 1846

Avec Imprimatur de Mgr l'Évêque de Lecce
et le Portrait de Mélanie

*« Eh bien ! mes enfants, vous le
ferez passer à tout mon peuple. »*

EN VENTE
A LA LIBRAIRIE SAINTE-GENEVIÈVE
9, Rue Clovis, PARIS

PRIX : 0 fr. 30 cent.

Nihil obstat : Imprimatur.

Datum Lycii ex Curia Ep^li die 15 Nov. 1879.

Vicarius Generalis

CARMELUS Arch^us COSMA

DÉCLARATION DE L'ÉDITEUR

Les opposants au Secret avançant que les diverses éditions du Secret doivent être regardées comme apocryphes, nous tenons à déclarer ce qui suit :

Nous avons entre les mains un exemplaire de l'édition faite en 1898, par les soins de M. Coulom, c'est-à-dire, antérieure à celle de Lyon, faite elle-même sur l'initiative de Mélanie. Cet exemplaire porte, écrite de la main même de Mélanie, la mention suivante : « *Le fond est vrai mais il y a beaucoup de fautes d'impression dans cette édition. La seule édition très exacte est celle de l'autographie de l'Abbé C... ».* En conséquence, nous avons collationné très soigneusement cette réimpression avec le texte de cette autographie.

Ajoutons que, deux mois avant sa mort, Mélanie déclarait : « *Je proteste hautement contre un texte différent qu'on oserait publier après ma mort ».*

Nous avons adopté pour le Secret la méthode de numérotation de paragraphes employée par M. Aug. NICOLAS.

(Tous droits réservés)

LE

SECRET DE LA SALETTE

ET

L'APPARITION

DE LA

TRÈS SAINTE VIERGE

sur la Sainte Montagne

Le 19 Septembre 1846

I

Le 18 septembre, veille de la sainte Apparition de la Sainte Vierge, j'étais seule, comme à mon ordinaire, à garder les quatre vaches de mes maîtres. Vers les 11 heures du matin, je vis venir auprès de moi un petit garçon. A cette vue, je m'effrayai, parce qu'il me semblait que tout le monde devait savoir que je fuyais toutes sortes de compagnies. Cet enfant s'approcha de moi et me dit : « Petite, je viens avec toi, je suis aussi de Corps. » A ces paroles, mon mauvais naturel se fit bientôt voir, et, faisant quelques pas en arrière, je lui dis : « Je ne veux personne, je veux rester seule. » Puis, je m'éloignais, mais cet enfant me suivait en me disant : « Va, laisse-moi avec toi, mon maître m'a dit de venir garder mes vaches avec les tiennes ; je suis de Corps. »

Moi je m'éloignai de lui, en lui faisant signe que je ne voulais personne ; et après m'être éloignée, je m'assis sur le gazon. Là, je faisais ma conversation avec les petites fleurs du Bon Dieu.

Un moment après, je regarde derrière moi, et je trouve Maximin assis tout près de moi. Il me dit aussitôt : « Garde-moi, je serai bien sage. » Mais mon mauvais naturel n'entendit pas raison. Je me relève avec précipitation, et je m'enfuis un peu plus loin sans rien lui dire, et je me remis à jouer avec les fleurs du Bon Dieu. Un instant après, Maximin était encore là à me dire qu'il serait bien sage, qu'il ne parlerait pas, qu'il s'ennuierait d'être tout seul, et que son Maître l'envoyait auprès de moi, etc.... Cette fois, j'en eus pitié, je lui fis signe de s'asseoir, et moi, je continuai avec les petites fleurs du Bon Dieu.

Maximin ne tarda pas à rompre le silence, il se mit à rire, (je crois qu'il se moquait de moi) : je le regarde, et il me dit : « Amusons-nous, faisons un jeu. » Je ne lui répondis rien, car j'étais si ignorante, que je ne comprenais rien au jeu avec une autre personne, ayant toujours été seule. Je m'amusais seule avec les fleurs, et Maximin, s'approchant tout à fait de moi, ne faisait que rire en me disant que les fleurs n'avaient pas d'oreilles pour m'entendre, et que nous devions jouer ensemble. Mais je n'avais aucune inclination pour le jeu qu'il me disait de faire. Cependant je me mis à lui parler, et il me dit que les dix jours qu'il devait passer avec son maître allaient bientôt finir, et qu'ensuite il s'en irait à Corps chez son père, etc....

Tandis qu'il me parlait, la cloche de la Salette se fit entendre, c'était l'Angelus ; je fis signe à Maximin d'élever son âme à Dieu. Il se découvrit la tête et garda un moment le silence. Ensuite, je lui dis : « Veux-tu dîner ? — Oui, me dit-il. Allons. » Nous nous assîmes ; je sortis de mon sac les provisions que m'avaient données mes maîtres, et, selon mon habitude, avant d'entamer mon petit pain rond, avec la pointe de mon couteau je fis une croix sur mon pain, et au milieu un tout petit trou, en disant : « Si le diable y est, qu'il en sorte, et si le Bon Dieu y est qu'il y reste, » et vite, vite, je recouvris le petit trou. Maximin

partit d'un grand éclat de rire, et donna un coup de pied
à mon pain, qui s'échappa de mes mains, roula jusqu'au
bas de la montagne et se perdit.

J'avais un autre morceau de pain, nous le mangeâmes
ensemble ; ensuite nous fîmes un jeu ; puis comprenant
que Maximin devait avoir besoin de manger, je lui indi-
quai un endroit de la montagne couvert de petits fruits. Je
l'engageai à aller en manger, ce qu'il fit aussitôt ; il en
mangea et en rapporta plein son chapeau. Le soir nous
descendîmes ensemble de la montagne, et nous nous pro-
mîmes de revenir garder nos vaches ensemble.

Le lendemain, 19 septembre, je me retrouve en chemin
avec Maximin ; nous gravissons ensemble la montagne. Je
trouvais que Maximin était très bon, très simple, et que
volontiers il parlait de ce dont je voulais parler ; il était
aussi très souple, ne tenant pas à son sentiment ; il était
seulement un peu curieux, car quand je m'éloignais de lui,
dès qu'il me voyait arrêtée, il accourait vite pour voir ce
que je faisais et entendre ce que je disais avec les fleurs
du Bon Dieu : et s'il n'arrivait pas à temps, il me deman-
dait ce que j'avais dit. Maximin me dit de lui apprendre
un jeu. La matinée était déjà avancée : je lui dis de ramasser
des fleurs pour faire le « Paradis ».

Nous nous mîmes tous les deux à l'ouvrage ; nous
eûmes bientôt une quantité de fleurs de diverses couleurs.
L'Angelus du village se fit entendre, car le ciel était beau,
il n'y avait pas de nuages. Après avoir dit au Bon Dieu ce
que nous savions, je dis à Maximin que nous devions con-
duire nos vaches sur un petit plateau près du petit ravin, où
il y aurait des pierres pour bâtir le « Paradis ». Nous con-
duisîmes nos vaches au lieu désigné, et ensuite nous primes
notre petit repas ; puis nous nous mîmes à porter des
pierres et à construire notre petite maison, qui consistait
en un rez-de-chaussée, qui soi-disant était notre habitation,
puis un étage au-dessus qui était selon nous le « Paradis ».

Cet étage était tout garni de fleurs de différentes couleurs, avec des couronnes suspendues par des tiges de
fleurs. Ce « Paradis » était couvert par une seule et large
pierre que nous avions recouverte de fleurs ; nous avions

aussi suspendu des couronnes tout autour. Le « Paradis » terminé, nous le regardions ; le sommeil nous vint ; nous nous éloignâmes de là à environ deux pas, et nous nous endormîmes sur le gazon.

La Belle Dame s'assied sur notre « Paradis » sans le faire crouler.

II

M'étant réveillée, et ne voyant pas nos vaches, j'appelai Maximin et je gravis le petit monticule De là, ayant vu que nos vaches étaient couchées tranquillement, je redescendais et Maximin montait, quand tout à coup je vis une belle lumière, plus brillante que le soleil, et à peine ai-je pu dire ces paroles : « Maximin, vois-tu, làbas ? Ah ! mon Dieu ! » En même temps je laisse tomber le bâton que j'avais en main. Je ne sais ce qui se passait en moi de délicieux dans ce moment, mais je me sentais attirer, je me sentais un grand respect plein d'amour, et mon cœur aurait voulu courir plus vite que moi.

Je regardais bien fortement cette lumière qui était immobile, et comme si elle se fut ouverte, j'aperçus une autre lumière bien plus brillante et qui était en mouvement, et dans cette lumière une très belle Dame assise sur notre « Paradis », ayant la tête dans ses mains. Cette belle Dame s'est levée, elle a croisé médiocrement ses bras en nous regardant et nous a dit : « *Avancez, mes enfants, n'ayez pas peur ; je suis ici pour vous annoncer une grande nouvelle.* » Ces douces et suaves paroles me firent voler jusqu'à elle, et mon cœur aurait voulu se coller à elle pour toujours. Arrivée bien près de la belle Dame, devant elle, à sa droite, elle commence le discours, et des larmes commencent aussi à couler de ses beaux yeux :

« *Si mon peuple ne veut pas se soumettre, je suis forcée*
« *de laisser aller la main de mon Fils. Elle est si lourde*
« *et si pesante, que je ne puis plus la retenir.*

« *Depuis le temps que je souffre pour vous autres ! Si*
« *je veux que mon Fils ne vous abandonne pas, je suis*

« *chargée de le prier sans cesse. Et pour vous autres, vous*
« *n'en faites pas cas. Vous aurez beau prier, beau faire,*
« *jamais vous ne pourrez récompenser la peine que j'ai*
« *prise pour vous autres.*

« *Je vous ai donné six jours pour travailler, je me suis*
« *réservé le septième, et on ne veut pas me l'accorder. C'est*
« *ce qui appesantit tant le bras de mon Fils.*

« *Ceux qui conduisent les charrettes, ne savent pas*
« *parler sans y mettre le Nom de mon Fils au milieu. Ce*
« *sont les deux choses qui appesantissent tant le bras de*
« *mon Fils.*

« *Si la récolte se gâte, ce n'est qu'à cause de vous autres.*

« *Je vous l'ai fait voir l'année passée par les pommes*
« *de terre ; vous n'en avez pas fait cas ; c'est au contraire,*
« *quand vous en trouviez de gâtées, vous juriez, et vous*
« *mettiez le Nom de mon Fils. Elles vont continuer à se gâter,*
« *à la Noël il n'y en aura plus.* »

Ici je cherchais à interpréter la parole : *pommes de
terre* ; je croyais comprendre que cela signifiait pommes.
La belle et bonne Dame devinant ma pensée reprit ainsi :

« *Vous ne me comprenez pas, mes enfants ? Je vais vous*
« *le dire autrement.* »

La traduction en français est celle-ci :

« *Si la récolte se gâte, ce n'est rien que pour vous autres ;*
« *je vous l'ai fait voir l'année passée par les pommes de*
« *terre, et vous n'en avez pas fait cas ; c'était au contraire,*
« *quand vous en trouviez de gâtées, vous juriez, et vous*
« *mettiez le Nom de mon Fils. Elles vont continuer à se*
« *gâter, et à la Noël il n'y en aura plus.*

« *Si vous avez du blé, il ne faut pas le semer.*

« *Tout ce que vous sèmerez, les bêtes le mangeront ; et*
« *ce qui viendra tombera en poussière quand vous le battrez.*
« *Il viendra une grande famine. Avant que la famine*
« *vienne, les petits enfants au-dessous de sept ans pren-*
« *dront un tremblement et mourront entre les mains des*
« *personnes qui les tiendront ; les autres feront pénitence*

« par la faim. Les noix deviendront mauvaises ; les raisins
« pourriront. »

Ici, la belle Dame qui me ravissait, resta un moment sans se faire entendre ; je voyais cependant qu'elle
continuait, comme si elle parlait, de remuer gracieuse-
ment ses aimables lèvres. Maximin recevait alors son
Secret. Puis, s'adressant à moi, la Très Sainte Vierge me
parla et me donna un Secret en français. Ce Secret, le
voici tout entier, et tel qu'elle me l'a donné :

III

1) « Mélanie, ce que je vais vous dire maintenant, ne sera
« pas toujours secret : vous pourrez le publier en 1858.

2) « Les prêtres, ministres de mon Fils, les prêtres, par
« leur mauvaise vie, par leurs irrévérences et leur impiété
« à célébrer les Saints Mystères, par l'amour de l'argent,
« l'amour de l'honneur et des plaisirs, les prêtres sont de-
« venus des cloaques d'impureté. Oui, les prêtres deman-
« dent vengeance, et la vengeance est suspendue sur leurs
« têtes. Malheur aux prêtres et aux personnes consacrées à
« Dieu, lesquelles par leurs infidélités et leur mauvaise vie
« crucifient de nouveau mon Fils ! Les péchés des personnes
« consacrées à Dieu crient vers le Ciel et appellent la ven-
« geance, et voilà que la vengeance est à leurs portes, car
« il ne se trouve personne pour implorer miséricorde et
« pardon pour le peuple ; il n'y a plus d'âmes généreuses,
« il n'y a plus personne digne d'offrir la Victime sans
« tache à l'Eternel en faveur du monde.

3) « Dieu va frapper d'une manière sans exemple.

4) « Malheur aux habitants de la terre ! Dieu va épuiser
« sa colère, et personne ne pourra se soustraire à tant de
« maux réunis. »

5) « Les chefs, les conducteurs du peuple de Dieu ont né-
« gligé la prière et la pénitence, et le démon a obscurci
« leurs intelligences ; ils sont devenus ces étoiles errantes
« que le vieux diable traînera avec sa queue pour les faire
« périr. Dieu permettra au vieux serpent de mettre des di-

« visions parmi les régnants, dans toutes les sociétés et dans
« toutes les familles ; on souffrira des peines physiques et
« morales ; Dieu abandonnera les hommes à eux-mêmes, et
« enverra des châtiments qui se succèderont pendant plus
« de trente-cinq ans.

6) « La Société est à la veille des fléaux les plus terribles
« et des plus grands événements ; on doit s'attendre à être
« gouverné par une verge de fer et à boire le calice de la
« colère de Dieu.

7) « Que le Vicaire de mon Fils, le Souverain Pontife
« Pie IX, ne sorte plus de Rome après l'année 1859 ; mais
« qu'il soit ferme et généreux, qu'il combatte avec les armes
« de la foi et de l'amour ; je serai avec lui.

8) « Qu'il se méfie de Napoléon ; son cœur est double, et
« quand il voudra être à la fois Pape et empereur, bientôt
« Dieu se retirera de lui : il est cet aigle qui, voulant tou-
« jours s'élever, tombera sur l'épée dont il voulait se servir
« pour obliger les peuples à se faire élever.

9) « L'Italie sera punie de son ambition en voulant secouer
« le joug du Seigneur des Seigneurs ; aussi elle sera livrée
« à la guerre ; le sang coulera de tous côtés ; les Eglises
« seront fermées ou profanées ; les prêtres, les religieux
« seront chassés, on les fera mourir, et mourir d'une mort
« cruelle. Plusieurs abandonneront la foi, et le nombre des
« prêtres et des religieux qui se sépareront de la vraie reli-
« gion sera grand ; parmi ces personnes, il se trouvera même
« des Evêques.

10) « Que le Pape se tienne en garde contre les faiseurs de
« miracles, car le temps est venu que les prodiges les plus
« étonnants auront lieu sur la terre et dans les airs.

11) « En l'année 1864, Lucifer avec un grand nombre de
« démons seront détachés de l'enfer : ils aboliront la foi
« peu à peu et même dans les personnes consacrées à Dieu :
« ils les aveugleront d'une telle manière, qu'à moins d'une
« grâce particulière ces personnes prendront l'esprit de ces
« mauvais anges : plusieurs maisons religieuses perdront
« entièrement la foi et perdront beaucoup d'âmes.

12) « Les mauvais livres abonderont sur la terre et les

« esprits de ténèbres répandront partout un relâchement
« universel pour tout ce qui regarde le service de Dieu ; ils
« auront un très grand pouvoir sur la nature : il y aura
« des églises pour servir ces esprits. Des personnes seront
« transportées d'un lieu à un autre par ces esprits mauvais,
« et mêmes des prêtres, parce qu'ils ne se seront pas conduits
« par le bon esprit de l'Evangile, qui est un esprit d'humi-
« lité, de charité et de zèle pour la gloire de Dieu. On fera
« ressusciter des morts et des justes, [c'est-à-dire que ces
morts prendront la figure des âmes justes qui avaient vécu
sur la terre, afin de mieux séduire les hommes ; ces soi-
disant morts ressuscités, qui ne seront autre chose que le
démon sous ces figures, prêcheront un autre Evangile
contraire à celui du vrai Christ-Jésus, niant l'existence du
Ciel, soit encoreles âmes des damnés. Toutes ces âmes
paraîtront comme unies à leurs corps]. « Il y aura en tous
« lieux des prodiges extraordinaires, parce que la vraie
« foi s'est éteinte et que la fausse lumière éclaire le monde.
« Malheur aux Princes de l'Eglise qui ne seront occupés
« qu'à entasser richesses sur richesses, qu'à sauvegarder
« leur autorité et à dominer avec orgueil !

13) « Le Vicaire de mon Fils aura beaucoup à souffrir,
« parce que pour un temps l'Eglise sera livrée à de grandes
« persécutions : ce sera le temps des ténèbres ; l'Eglise aura
« une crise affreuse.

14) « La sainte foi de Dieu étant oubliée, chaque individu
« voudra se guider par lui-même, et être supérieur à ses
« semblables. On abolira les pouvoirs civils et ecclésiasti-
« ques, tout ordre et toute justice seront foulés aux pieds ;
« on ne verra qu'homicides, haine, jalousie, mensonge et
« discorde, sans amour pour la patrie, ni pour la famille.

15) « Le Saint-Père souffrira beaucoup. Je serai avec lui
« jusqu'à la fin pour recevoir son sacrifice.

16) « Les méchants attenteront plusieurs fois à sa vie sans
« pouvoir nuire à ses jours ; mais ni lui ni son successeur...
« ne verront le triomphe de l'Eglise de Dieu.

17) « Les gouvernants civils auront tous un même dessein,
« qui sera d'abolir et de faire disparaître tout principe re-

« ligieux, pour faire place au matérialisme, a l'athéisme,
« au spiritisme et à toutes sortes de vices.

18) « Dans l'année 1865, on verra l'abomination dans les
« lieux saints ; dans les couvents, les fleurs de l'Eglise
« seront putréfiées et le démon se rendra comme le roi des
« cœurs. Que ceux qui sont à la tête des communautés
« religieuses se tiennent en garde pour les personnes qu'ils
« doivent recevoir, parce que le démon usera de toute sa
« malice pour introduire dans les ordres religieux des per-
« sonnes adonnées au péché, car les désordres et l'amour des
« plaisirs charnels seront répandus par toute la terre.

19) « La France, l'Italie, l'Espagne et l'Angleterre, seront
« en guerre ; le sang coulera dans les rues ; le Français se
« battra avec le Français, l'Italien avec l'Italien ; ensuite il
« y aura une guerre générale qui sera épouvantable. Pour un
« temps, Dieu ne se souviendra plus de la France ni de l'Ita-
« lie, parce que l'Evangile de Jésus-Christ n'est plus connu.
« Les méchants déploieront toute leur malice ; on se tuera,
« on se massacrera mutuellement jusque dans les maisons.

20) « Au premier coup de son épée foudroyante, les monta-
« gnes et la nature entière trembleront d'épouvante, parce
« que les désordres et les crimes des hommes percent la
« voûte des cieux. Paris sera brûlé et Marseille englouti ;
« plusieurs grandes villes seront ébranlées et englouties par
« des tremblements de terre : on croira que tout est perdu ;
« on ne verra qu'homicides, on n'entendra que bruits
« d'armes et que blasphèmes. Les justes souffriront beau-
« coup ; leurs prières, leur pénitence et leurs larmes mon-
« teront jusqu'au Ciel, et tout le peuple de Dieu demandera
« pardon et miséricorde, et demandera mon aide et mon inter-
« cession. Alors Jésus-Christ, par un acte de sa justice et de
« sa grande miséricorde pour les justes, commandera à ses
« anges que tous ses ennemis soient mis à mort. Tout à
« coup les persécuteurs de l'Eglise de Jésus-Christ et tous
« les hommes adonnés au péché périront, et la terre devien-
« dra comme un désert. Alors se fera la paix, la réconcilia-
« tion de Dieu avec les hommes ; Jésus-Christ sera servi,
« adoré et glorifié ; la charité fleurira partout. Les nou-

« veaux rois seront le bras droit de la Sainte Eglise, qui
« sera forte, humble, pieuse, pauvre, zélée et imitatrice
« des vertus de Jésus-Christ. L'Evangile sera prêché par-
« tout, et les hommes feront de grands progrès dans la foi,
« parce qu'il y aura unité parmi les ouvriers de Jésus-Christ,
« et que les hommes vivront dans la crainte de Dieu.

21) « Cette paix parmi les hommes ne sera pas longue;
« vingt-cinq ans d'abondantes récoltes leur feront oublier
« que les péchés des hommes sont cause de toutes les peines
« qui arrivent sur la terre.

22) « Un avant-coureur de l'antechrist, avec ses troupes de
« plusieurs nations, combattra contre le vrai Christ, le
« seul Sauveur du monde ; il répandra beaucoup de sang,
« et voudra anéantir le culte de Dieu pour se faire regar-
« der comme un Dieu.

23) « La terre sera frappée de toutes sortes de plaies [outre
la peste et la famine qui seront générales] ; il y aura des
« guerres jusqu'à la dernière guerre, qui sera alors faite
« par les dix rois de l'antechrist, lesquels rois auront
« tous un même dessein et seront les seuls qui gouverneront
« le monde. Avant que ceci arrive. il y aura une espèce de
« fausse paix dans le monde ; on ne pensera qu'à se divertir ;
« les méchants se livreront à toutes sortes de péchés ; mais les
« enfants de la Sainte Eglise, les enfants de la foi, mes vrais
« imitateurs, croîtront dans l'amour de Dieu et dans les ver-
« tus qui me sont les plus chères. Heureuses les âmes hum-
« bles conduites par l'Esprit-Saint ! Je combattrai avec
« elles jusqu'à ce qu'elles arrivent à la plénitude de l'âge.

24) « La nature demande vengeance pour les hommes, et
« elle frémit d'épouvante dans l'attente de ce qui doit arri-
« ver à la terre souillée de crimes.

25) « Tremblez terre, et vous qui faites profession de servir
« Jésus-Christ et qui au dedans vous, adorez vous-mêmes,
« tremblez ; car Dieu va vous livrer à son ennemi, parce
« que les lieux saints sont dans la corruption ; beaucoup de
« couvents ne sont plus les maisons de Dieu, mais les pâ-
« turages d'Asmodée et des siens.

26) « Ce sera pendant ce temps que naîtra l'antechrist, d'une

« religieuse hébraïque, d'une fausse vierge qui aura com-
« munication avec le vieux serpent, le maître de l'impureté ;
-« son père sera Ev. ; en naissant, il vomira des blasphèmes,
« il aura des dents ; en un mot, ce sera le diable incarné ;
« il poussera des cris effrayants, il fera des prodiges, il ne
« se nourrira que d'impuretés. Il aura des frères qui, quoi-
« qu'ils ne soient pas comme lui des démons incarnés, seront
« des enfants de mal ; à 12 ans, ils se feront remarquer
« par leurs vaillantes victoires qu'ils remporteront ; bientôt,
« ils seront chacun à la tête des armées, assistés par des
« légions de l'enfer.

27) « Les saisons seront changées, la terre ne produira que
« de mauvais fruits, les astres perdront leurs mouvements
« réguliers, la lune ne reflétera qu'une faible lumière rou-
« geâtre ; l'eau et le feu donneront au globe de la terre des
« mouvements convulsifs et d'horribles tremblements de
« terre, qui feront engloutir des montagnes, des villes, [etc].

28) « Rome perdra la foi et deviendra le siège de l'antechrist.

29) « Les démons de l'air avec l'antechrist feront de grands
« prodiges sur la terre et dans les airs, et les hommes se
« pervertiront de plus en plus. Dieu aura soin de ses fidèles
« serviteurs et des hommes de bonne volonté ; l'Évangile
« sera prêché partout, tous les peuples et toutes les nations
« auront connaissance de la vérité !

30) « J'adresse un pressant appel à la terre : j'appelle les
« vrais disciples du Dieu vivant et régnant dans les cieux ;
« j'appelle les vrais imitateurs du Christ fait homme, le
« seul et vrai Sauveur des hommes ; j'appelle mes enfants,
« mes vrais dévots, ceux qui se sont donnés à moi pour que
« je les conduise à mon divin Fils, ceux que je porte pour
« ainsi dire dans mes bras, ceux qui ont vécu de mon esprit ;
« enfin j'appelle les Apôtres des derniers temps, les fidè-
« les disciples de Jésus-Christ qui ont vécu dans un mépris
« du monde et d'eux-mêmes, dans la pauvreté et dans l'hu-
« milité, dans le mépris et dans le silence, dans l'oraison
« et dans la mortification, dans la chasteté et dans l'union
« avec Dieu, dans la souffrance et inconnus du monde. Il
« est temps qu'ils sortent et viennent éclairer la terre.

« Allez, et montrez-vous comme mes enfants chéris ; je suis
« avec vous et en vous, pourvû que votre foi soit la lumière
« qui vous éclaire dans ces jours de malheurs. Que votre
« zèle vous rende comme des affamés pour la gloire et l'hon-
« neur de Jésus-Christ. Combattez, enfants de lumière,
« vous le petit nombre qui y voyez ; car voici le temps des
« temps, la fin des fins.

31) « L'Eglise sera éclipsée, le monde sera dans la conster-
« nation. Mais voilà Enoch et Elie remplis de l'Esprit de
« Dieu ; ils prêcheront avec la force de Dieu, et les hommes
« de bonne volonté croiront en Dieu, et beaucoup d'âmes seront
« consolées ; ils feront de grands progrès par la vertu du Saint-
« Esprit et condamneront les erreurs diaboliques de l'ante-
« christ.

32) « Malheur aux habitants de la terre ! il y aura des
« guerres sanglantes, et des famines ; des pestes et des ma-
« ladies contagieuses ; il y aura des pluies d'une grêle
« effroyable d'animaux ; des tonnerres qui ébranleront des
« villes ; des tremblements de terre qui engloutiront des
« pays ; on entendra des voix dans les airs ; les hommes se
« battront la tête contre les murailles ; ils appelleront la
« mort, et d'un autre côté la mort sera leur supplice ; le
« sang coulera de tous côtés. Qui pourra vaincre, si Dieu
« ne diminue le temps de l'épreuve ? Par le sang, les larmes
« et les prières des justes, Dieu se laissera fléchir ; Enoch
« et Elie seront mis à mort ; Rome payenne disparaîtra ;
« le feu du Ciel tombera et consumera trois villes ; tout
« l'univers sera frappé de terreur, et beaucoup se laisseront
« séduire parce qu'ils n'auront pas adoré le vrai Christ
« vivant parmi eux. Il est temps ; le soleil s'obscurcit ; la
« foi seule vivra.

33) « Voici le temps ; l'abîme s'ouvre. Voici le roi des rois
« des ténèbres. Voici la bête avec ses sujets, se disant le
« sauveur du monde. Il s'élèvera avec orgueil dans les airs
« pour aller jusqu'au ciel ; il sera étouffé par le souffle de
« saint Michel Archange. Il tombera, et la terre, qui depuis
« trois jours, sera en de continuelles évolutions, ou-
« vrira son sein plein de feu ; il sera plongé pour jamais

« *avec tous les siens dans les gouffres éternels de l'enfer.*
« *Alors l'eau et le feu purifieront la terre et consumeront*
« *toutes les œuvres de l'orgueil des hommes, et tout sera renou-*
« *velé : Dieu sera servi et glorifié.* »

IV

Ensuite la Sainte Vierge me donna, aussi en français, la Règle d'un nouvel Ordre religieux.

Après m'avoir donné la Règle de ce nouvel Ordre religieux, la Sainte Vierge reprit ainsi la suite du Discours :

« *S'ils se convertissent, les pierres et les rochers se chan-*
« *geront en blé, et les pommes de terre se trouveront ense-*
« *mencées par les terres.* »

« *Faites-vous bien votre prière, mes enfants ?* »

Nous répondîmes tous les deux :

« Oh ! non, Madame, pas beaucoup. »

« *Ah ! mes enfants, il faut bien la faire, soir et matin.*
« *Quand vous ne pourrez pas mieux faire, dites un Pater*
« *et un Ave Maria ; et quand vous aurez le temps et que*
« *vous pourrez mieux faire, vous en direz davantage.*

« *Il ne va que quelques femmes un peu âgées à la Messe ;*
« *les autres travaillent tout l'été le Dimanche ; et l'hiver,*
« *quand ils ne savent que faire, ils ne vont à la Messe que*
« *pour se moquer de la religion. Le carême, ils vont à la*
« *boucherie comme les chiens.*

« *N'avez-vous pas vu du blé gâté, mes enfants ?* »

Tous les deux nous avons répondu : « Oh ! non, Madame. »

La Sainte Vierge s'adressant à Maximin : « *Mais toi,*
« *mon enfant, tu dois bien en avoir vu une fois vers le Coin,*
« *avec ton père. L'homme de la pièce dit à ton père : Venez*
« *voir comme mon blé se gâte. Vous y allâtes. Ton père*
« *prit deux ou trois épis dans sa main, il les frotta, et ils*
« *tombèrent en poussière. Puis, en vous en retournant,*
« *quand vous n'étiez plus qu'à une demi-heure de Corps,*

« *ton père te donna un morceau de pain en te disant : Tiens*
« *mon enfant, mange cette année, car je ne sais pas qui en*
« *mangera l'année prochaine, si le blé se gâte comme cela.* »

Maximin répondit : « C'est bien vrai, Madame, je ne
me le rappelais pas. »

La Très Sainte Vierge a terminé son discours en français : « *Eh bien ! mes enfants, vous le ferez passer à tout*
« *mon peuple.* »

La très belle Dame traversa le ruisseau ; et à deux pas
du ruisseau sans se retourner vers nous qui la suivions (parce
qu'elle attirait à elle par son éclat et plus encore par sa
bonté qui m'enivrait, qui semblait me faire fondre le cœur),
elle nous a dit encore :

*Eh bien ! mes enfants, vous le ferez passer à tout mon
peuple.* »

Puis elle a continué de marcher jusqu'à l'endroit où
j'étais montée pour regarder où étaient nos vaches. Ses pieds
ne touchaient que le bout de l'herbe sans la faire plier.
Arrivée sur la petite hauteur, la belle Dame s'arrêta, et vite
je me plaçai devant elle, pour bien, bien la regarder, et
tâcher de savoir quel chemin elle inclinait le plus à prendre ;
car c'était fait de moi, j'avais oublié et mes vaches et les
maîtres chez lesquels j'étais en service : je m'étais attachée
pour toujours et sans condition à *Ma* Dame ; oui, je voulais
ne plus jamais, jamais la quitter ; je la suivais sans arrière-
pensée, et dans la disposition de la servir tant que je vivrai.

Avec *Ma* Dame je croyais avoir oublié le paradis ; je
n'avais plus que la pensée de bien la servir en tout, et je
croyais que j'aurais pu faire tout ce qu'Elle m'aurait dit de
faire, car il me semblait qu'elle avait beaucoup de pouvoir.
Elle me regardait avec une tendre bonté qui m'attirait à elle
j'aurais voulu, avec les yeux fermés, m'élancer dans ses
bras. Elle ne m'a pas donné le temps de le faire. Elle s'est
élevée insensiblement de terre à une hauteur d'environ un
mètre et plus ; et restant ainsi suspendue en l'air un instant,
Ma belle Dame regarda le ciel, puis la terre à sa droite et
à sa gauche, puis Elle me regarda avec des yeux si doux, si
aimables et si bons, que je croyais qu'Elle m'attirait dans

son intérieur, et il me semblait que mon cœur s'ouvrait au sien.

Et tandis que mon cœur se fondait en une douce dilatation, la belle figure de Ma bonne Dame disparaissait peu à peu : il me semblait que la lumière en mouvement se multipliait ou bien se condensait autour de la Très Sainte Vierge, pour m'empêcher de la voir plus longtemps. Ainsi la lumière prenait la place des parties du corps qui disparaissaient à mes yeux ; ou bien il semblait que le corps de Ma Dame se changeait en lumière en se fondant. Ainsi la lumière en forme de globe s'élevait doucement en direction droite.

Je ne puis pas dire si le volume de lumière diminuait à mesure qu'elle s'élevait, ou bien si c'était l'éloignement qui faisait que je voyais diminuer la lumière à mesure qu'elle s'élevait ; ce que je sais, c'est que je suis restée la tête levée et les yeux fixés sur la lumière, même après que cette lumière, qui allait toujours s'éloignant et diminuant de volume, eût fini par disparaître.

Mes yeux se détachent du firmament, je regarde autour de moi, je vois Maximin qui me regardait, je lui dis : « Mémin, cela doit être le bon Dieu de mon père, ou la Sainte Vierge, ou quelque grande sainte. » Et Maximin lançant la main en l'air, il dit : « Ah ! si je l'avais su ! »

V

Le soir du 19 septembre, nous nous retirâmes un peu plus tôt qu'à l'ordinaire. Arrivée chez mes maîtres, je m'occupais à attacher mes vaches et à mettre tout en ordre dans l'écurie. Je n'avais pas terminé, que ma maîtresse vint à moi en pleurant et me dit : « Pourquoi, mon enfant, ne venez-vous pas me dire ce qui vous est arrivé sur la montagne ? » (Maximin n'ayant pas trouvé ses maîtres, qui ne s'étaient pas encore retirés de leurs travaux, était venu chez les miens, et avait raconté tout ce qu'il avait vu et entendu). Je lui répondis : « Je voulais bien vous le dire, mais je voulais finir mon ouvrage auparavant. » Un moment après, je me rendis dans la maison, et ma maîtresse me dit : « Racontez ce que vous avez vu ; le berger de Bruite (c'était le surnom de Pierre Selme, maître de Maximin) m'a tout raconté. »

Je commence, et vers la moitié du récit mes maîtres arrivèrent de leurs champs ; ma maîtresse qui pleurait en entendant les plaintes et les menaces de notre tendre Mère, dit : « Ah ! vous vouliez aller ramasser le blé demain ; gardez-vous en bien, venez entendre ce qui est arrivé aujourd'hui à cette enfant et au berger de Selme. » Et se tournant vers moi, elle dit : « Recommencez tout ce vous m'avez dit. » Je recommence ; et lorsque j'eus terminé, mon Maître dit : « C'est la Sainte Vierge, ou bien une grande sainte, qui est venue de la part du bon Dieu ; mais c'est comme si le bon Dieu était venu lui-même : il faut faire tout ce que cette Sainte a dit. Comment allez-vous faire pour dire cela à tout son peuple ? » Je lui répondis : « Vous me direz comment je dois faire, et je le ferai. » Ensuite il ajouta en regardant sa mère, sa femme et son frère : « Il faut y penser. » Puis chacun se retira à ses affaires.

C'était après le souper. Maximin et ses maîtres vinrent chez les miens pour raconter ce que Maximin leur avait dit, et pour savoir ce qu'il y avait à faire : « Car, dirent-ils, il nous semble que c'est la Sainte Vierge qui a été envoyée par le Bon Dieu ; les paroles qu'Elle a dites le font croire. Et Elle leur a dit de le faire passer à tout son peuple ; il faudra peut-être que ces enfants parcourent le monde entier pour faire connaître qu'il faut que tout le monde observe les commandements du Bon Dieu, sinon de grands malheurs vont arriver sur nous. » Après un moment de silence, mon maître dit, en s'adressant à Maximin et à moi : « Savez-vous ce que vous devez faire, mes enfants ? Demain, levez-vous de bon matin, allez tous les deux à Monsieur le Curé, et racontez-lui tout ce que vous avez vu et entendu ; dites-lui bien comment la chose s'est passée : il vous dira ce que vous avez à faire. »

Le 20 septembre, lendemain de l'apparition, je partis de bonne heure avec Maximin. Arrivés à la Cure, je frappe à la porte. La domestique de Monsieur le Curé vint ouvrir, et demanda ce que nous voulions. Je lui dis (en français, moi qui ne l'avais jamais parlé) : « Nous voudrions parler à Monsieur le Curé. » — « Et que voulez-vous lui dire ? » nous demanda-t-elle. — « Nous voulons lui dire, Mademoiselle, qu'hier nous sommes allés garder nos vaches sur la montagne des Baisses, et après avoir dîné, etc., etc. » Nous lui racontâmes une bonne partie du discours de la Très Sainte Vierge. Alors la cloche de l'Eglise sonna ; c'était le dernier coup de la Messe. Monsieur l'abbé Perrin, curé de la Salette, qui nous avait entendus, ouvrit sa porte avec fracas : il pleurait ; il se frappait la poitrine ; il nous dit : « Mes enfants, nous sommes perdus, le bon Dieu va nous punir. Ah ! mon Dieu, c'est la Sainte Vierge qui vous est apparue ! » Et il partit pour dire la Sainte Messe. Nous nous regardâmes avec Maximin et la domestique ; puis Maximin me dit : « Moi, je m'en vais chez mon père, à Corps. » Et nous nous séparâmes.

N'ayant pas reçu d'ordre de mes maîtres de me retirer aussitôt après avoir parlé à Monsieur le Curé, je crus ne pas faire mal en assistant à la Messe. Je fus donc à l'Eglise. La Messe commence, et, après le premier Evangile, Monsieur le Curé se tourne vers le peuple, et essaie de raconter à ses paroissiens l'apparition qui venait d'avoir lieu, la veille, sur une de leurs montagnes, et les exhorte à ne plus travailler le Dimanche : sa voix était entrecoupée par des sanglots, et tout le peuple était ému. Après la Sainte Messe, je me retirai chez mes maîtres. Monsieur Peytard, qui est encore aujourd'hui maire de la Salette, y vint m'interroger sur le fait de l'apparition ; et après s'être assuré de la vérité de ce que je lui disais, il se retira convaincu.

Je continuai de rester au service de mes maîtres jusqu'à la fête de la Toussaint. Ensuite je fus mise comme pensionnaire chez les religieuses de la Providence, dans mon pays, à Corps.

VI

La Très Sainte Vierge était très grande et bien proportionnée ; elle paraissait être si légère qu'avec un souffle on l'aurait fait remuer, cependant elle était immobile et bien posée. Sa physionomie était majestueuse, imposante, mais non imposante comme le sont les seigneurs d'ici-bas. Elle imposait une crainte respectueuse. En même temps que Sa Majesté imposait du respect mêlé d'amour, Elle attirait à Elle. Son regard était doux et pénétrant ; ses yeux semblaient parler avec les miens, mais la conversation venait d'un profond et vif sentiment d'amour envers cette beauté ravissante qui me liquéfiait. La douceur de son regard, son air de bonté incompréhensible faisait comprendre et sentir qu'elle attirait à Elle et voulait se donner ; c'était une expression d'amour qui ne peut pas s'exprimer avec la langue de chair ni avec les lettres de l'alphabet.

Le vêtement de la Très Sainte Vierge était blanc, argenté et tout brillant ; il n'avait *rien de matériel* : il était composé de lumière et de gloire, variant et scintillant. Sur la terre il n'y a pas d'expression ni de comparaison à donner.

La Sainte Vierge était toute belle et toute formée d'amour ; en la regardant je languissais de me fondre en Elle. Dans ses atours, comme dans sa personne, tout respirait la majesté, la splendeur, la magnificence d'une Reine incomparable. Elle paraissait belle, blanche, immaculée, cristallisée, éblouissante, céleste, fraîche, neuve comme une Vierge ; il semblait que la parole : *Amour*, s'échappait de ses lèvres argentées et toutes pures. Elle me paraissait comme une bonne Mère, pleine de bonté, d'amabilité, d'amour pour nous, de compassion, de miséricorde.

La couronne de roses qu'Elle avait sur la tête était si belle, si brillante, qu'on ne peut pas s'en faire une idée : les roses de diverses couleurs n'étaient pas de la terre ; c'était une réunion de fleurs qui entouraient la tête de la Très Sainte Vierge en forme de couronne ; mais les roses se changeaient ou se remplaçaient ; puis du cœur de chaque rose il sortait une si belle lumière, qu'elle ravissait, et rendait les roses d'une beauté éclatante. De la couronne de roses s'élevaient comme des branches d'or, et une quantité d'autres petites fleurs mêlées avec des brillants.

Le tout formait un très beau diadème, qui brillait tout seul plus que notre soleil de la terre.

La Sainte Vierge avait une très jolie Croix suspendue à son cou. Cette Croix paraissait être dorée, je dis *dorée* pour ne pas dire une plaque d'or ; car j'ai vu quelquefois des objets dorés avec diverses nuances d'or, ce qui faisait à mes yeux un bien plus bel effet qu'une simple plaque d'or. Sur cette belle Croix toute brillante de lumière était un Christ, était Notre-Seigneur, les bras étendus sur la Croix. Presque aux deux extrémités de la Croix, d'un côté il y avait un marteau, de l'autre une tenaille. Le Christ était couleur de chair naturelle ; mais Il brillait d'un grand éclat ; et la lumière qui sortait de tout son corps paraissait comme des dards très brillants, qui me fendaient le cœur du désir de me fondre en Lui. Quelquefois le Christ paraissait être mort : Il avait la tête penchée, et le corps était comme affaissé, comme pour tomber, s'Il n'avait pas été retenu par les clous qui Le retenaient à la Croix.

J'en avais une vive compassion, et j'aurais voulu redire au monde entier son amour inconnu, et infiltrer dans les âmes des mortels l'amour le plus senti et la reconnaissance la plus vive envers un Dieu qui n'avait nullement besoin de nous pour être ce qu'Il est, ce qu'Il était et ce qu'Il sera toujours ; et pourtant, ô amour incompréhensible à l'homme ! Il s'est fait homme, et Il a voulu mourir, oui mourir, pour mieux écrire dans nos âmes et dans notre mémoire l'Amour Fou qu'Il a pour nous ! Oh ! que je suis malheureuse de me trouver si pauvre en expression pour redire l'amour, oui, l'amour de notre bon Sauveur pour nous ! mais d'un autre côté, que nous sommes heureux de pouvoir sentir mieux ce que nous ne pouvons exprimer !

D'autres fois le Christ semblait vivant ; Il avait la tête droite, les yeux ouverts, et paraissait être sur la Croix par sa propre volonté. Quelquefois aussi Il paraissait parler : Il semblait vouloir montrer qu'Il était en Croix pour nous, par amour pour nous, pour nous attirer à son amour, qu'Il a toujours un amour nouveau pour nous, que son amour du commencement et de l'année 33 est toujours celui d'aujourd'hui et qu'il sera toujours.

La Sainte Vierge pleurait presque tout le temps qu'Elle me parla. Ses larmes coulaient une à une lentement jusque vers ses genoux ; puis comme des étincelles de lumière, elles disparaissaient. Elles étaient brillantes et pleines d'amour. J'aurais voulu la consoler, et qu'Elle ne pleurât plus. Mais il me semblait qu'Elle avait besoin de montrer ses larmes pour mieux montrer son amour oublié par les hommes. J'aurais voulu me jeter dans ses bras et lui dire : « Ma bonne Mère, ne pleurez pas ! je veux vous aimer pour tous les hommes de la terre. » Mais il me semblait qu'Elle me disait : « Il y en a tant qui ne me connaissent pas ! »

J'étais entre la mort et la vie, en voyant d'un côté tant d'amour, tant de désir d'être aimée, et d'un autre côté tant de froideur, tant d'indifférence... Oh ! ma Mère, Mère toute belle et toute aimable, mon amour, cœur de mon cœur !...

Les larmes de notre tendre Mère, loin d'amoindrir son air de Majesté, de Reine et de Maîtresse, semblaient au contraire l'embellir, la rendre plus aimable, plus belle, plus puissante, plus remplie d'amour, plus maternelle, plus ravissante ; et j'aurais mangé ses larmes, qui faisaient sauter mon cœur de compassion et d'amour. Voir pleurer une Mère, et une telle Mère, sans prendre tous les moyens imaginables pour La consoler, pour changer ses douleurs en joie, cela se comprend-il ! O Mère plus que bonne ! Vous avez été formée de toutes les prérogatives dont Dieu est capable ; Vous avez comme épuisé la puissance de Dieu ; Vous êtes bonne et puis bonne de la bonté de Dieu même ; Dieu s'est agrandi en Vous formant son chef-d'œuvre terrestre et céleste.

La Très Sainte Vierge avait un tablier jaune. Que dis-je, jaune ? Elle avait un tablier plus brillant que plusieurs soleils ensemble. Ce n'était pas une étoffe matérielle, c'était un composé de gloire, et cette gloire était scintillante et d'une beauté ravissante. Tout en la Très Sainte Vierge me portait *fortement*, et me faisait comme glisser à adorer et à aimer mon Jésus dans tous les états de sa vie mortelle.

La Très Sainte Vierge avait deux chaînes, l'une un peu plus large que l'autre. A la plus étroite était suspendue la Croix dont j'ai fait mention plus haut. Ces chaînes (puisqu'il faut donner le nom de chaînes) étaient comme des rayons de gloire d'un grand éclat variant et scintillant.

Les souliers (puisque souliers il faut dire) étaient blancs, mais un blanc argenté, brillant ; il y avait des roses autour. Ces roses étaient d'une beauté éblouissante, et du cœur de chaque rose sortait une flamme de lumière très belle et très agréable à voir. Sur les souliers il y avait une boucle en or, non en or de la terre, mais bien de l'or du paradis.

La vue de la Très Sainte Vierge était elle-même un paradis accompli. Elle avait en Elle tout ce qui pouvait satisfaire, car la terre était oubliée.

La Sainte Vierge était entourée de deux lumières. La première lumière, plus près de la Très Sainte Vierge, arrivait jusqu'à nous ; elle brillait d'un éclat très beau et scintillant. La seconde lumière s'étendait un peu plus autour de la Belle-Dame, et nous nous trouvions dans celle-là ; elle était immobile (c'est-à-dire qu'elle ne scintillait pas), mais bien plus brillante que notre pauvre soleil de la terre. Toutes ces lumières ne faisaient pas mal aux yeux, et ne fatiguaient nullement la vue.

Outre toutes ces lumières, toute cette splendeur, il sortait encore des groupes ou faisceaux de lumières ou des rayons de lumière, du Corps de la Sainte Vierge, de ses habits et de partout.

La voix de la Belle Dame était douce ; elle enchantait, ravissait, faisait du bien au cœur ; elle rassasiait, aplanissait tous les obstacles, calmait, adoucissait. Il me semblait que j'aurais toujours voulu manger de sa belle voix, et mon cœur semblait danser ou vouloir aller à sa rencontre pour se liquéfier en elle.

Les yeux de la Très Sainte Vierge, notre tendre Mère, ne peuvent pas se décrire par une langue humaine. Pour en parler, il faudrait un séraphin ; il faudrait plus, il faudrait le langage de Dieu même, de ce Dieu qui a formé la Vierge Immaculée, chef-d'œuvre de sa Toute-Puissance.

Les yeux de l'auguste Marie paraissaient mille et mille fois plus beaux que les brillants, les diamants et les pierres précieuses les plus recherchées ; ils brillaient comme deux soleils ; ils étaient doux de la douceur même, clairs comme un miroir. Dans ses yeux on voyait le paradis ; ils attiraient à Elle ; il semblait qu'Elle voulait se donner et attirer. Plus je la regardais, plus je la voulais voir ; plus je la voyais, plus je l'aimais, et je l'aimais de toutes mes forces.

Les yeux de la belle-Immaculée étaient comme la porte de Dieu, d'où l'on voyait tout ce qui peut enivrer l'âme. Quand mes yeux se rencontraient avec ceux de la Mère de Dieu et la mienne, j'éprouvais au dedans de moi-même une heureuse révolution d'amour et de protestation de l'aimer et de me fondre d'amour.

En nous regardant, nos yeux se parlaient à leur mode, et je l'aimais tant, que j'aurais voulu l'embrasser dans le milieu de ses yeux qui attendrissaient mon âme, et semblaient l'attirer et la faire fondre avec la sienne. Ses yeux me plantèrent un doux tremblement dans tout mon être ; et je craignais de faire le moindre mouvement qui pût lui être désagréable tant soit peu.

Cette seule vue des yeux de la plus pure des Vierges aurait suffi pour être le Ciel d'un bienheureux ; aurait suffi pour faire entrer une âme dans la plénitude des volontés du Très-Haut parmi tous les événements qui arrivent dans le cours de la vie mortelle ; aurait suffi pour faire faire à cette âme de continuels actes de louange, de remerciement, de réparation et d'expiation. Cette seule vue concentre l'âme en Dieu et la rend comme une morte-vivante, ne regardant toutes les choses de la terre, même les choses qui paraissent les plus sérieuses, que comme des amusements d'enfants ; elle ne voudrait entendre parler que de Dieu et de ce qui touche à sa Gloire. Le péché est le seul mal qu'Elle voit sur la terre, elle en mourrait de douleur si Dieu ne la soutenait. Amen.

Castellamare, le 21 Novembre 1878.

MARIE *de la Croix, Victime de Jésus,*
née MÉLANIE CALVAT, *Bergère de la Salette*

LETTRE de S. G. Mgr Sauveur-Louis ZOLA

ÉVÊQUE DE LECCE

A l'Abbé Isidore ROUBAUD, à Saint-Tropez (Var)

VESCOVADO

DI

Lecce

Lecce, le 24 Mai 1880.

MONSIEUR LE CURÉ,

Je déplore vivement l'opposition que la France fait maintenant au céleste Message de la Salette. Nous sommes déjà à la veille des châtiments terribles dont nous a menacés la Mère de Dieu, à cause de nos prévarications, et cependant nous préférons repousser les avertissements d'une Mère si tendre et si miséricordieuse, plutôt que de profiter de ses leçons, seul acte de notre part qui pourrait diminuer l'intensité des fléaux dont nous menace la colère Divine. Je reconnais en cela l'œuvre de notre vieil ennemi, qui a le plus grand intérêt à exploiter tout moyen, surtout auprès des ministres de Dieu, *ut videntes non videant et intelligentes non intelligent.*

Votre pieuse croyance et votre dévotion filiale à Notre-Dame de la Salette vous engagent à me demander beaucoup de choses et de renseignements au sujet du Secret de Mélanie ; aussi me vois-je dans l'embarras en voulant vous satisfaire par une simple lettre.

Toutefois, je m'efforcerai de me conformer à vos désirs autant qu'il me sera possible.

Ce ne fut que le 3 juillet 1851, que Mélanie écrivit elle-même son secret, pour la première fois, au Couvent de la Providence, à Corenc, par ordre de Mgr de Bruillard, évêque de Grenoble, et en présence de M. Dausse, Ingénieur en chef des ponts et chaussées et de M. Taxis, chanoine de la Cathédrale de Grenoble. Mélanie remplit trois grandes pages d'un seul trait, sans rien dire, sans rien demander. Elle signe sans relire, plie son secret, et le met dans une enveloppe. Elle met ainsi l'adresse :

« A Sa Sainteté Pie IX à Rome. »

Le lendemain 4 juillet, le Secret est recopié par Mélanie elle-même, à l'Evêché de Grenoble, dans le but de bien distinguer deux dates des événements qui ne doivent pas arriver à la même époque. Mélanie, n'ayant mis la première fois qu'une seule date, craignait que, pour ce motif, le Pape ne comprît pas bien, et qu'il y eût par conséquent équivoque.

Le 18 juillet, M. Gérin, curé de la Cathédrale de Grenoble, et M. Rousselot, vicaire-général honoraire, deux saints prêtres d'un âge avancé et très respectables à tous égards, remettaient à Sa Sainteté Pie IX les lettres de Mgr de Grenoble et celles de Maximin et de Mélanie renfermant leurs Secrets.

Mélanie n'a pas envoyé à Sa Sainteté Pie IX tout le Secret qu'elle a publié dernièrement, mais seulement tout ce que la Sainte Vierge lui inspira sur l'heure d'écrire de cet important document, et en outre bien des choses qui pouvaient concerner Pie IX personnellement. Toutefois, par suite d'informations que je vous donne *comme très précises*, je sais que les reproches adressés au clergé et aux communautés religieuses étaient contenus *identiquement* dans la partie du Secret donnée à Sa Sainteté Pie IX.

L'heureuse bergère de la Salette communiqua plus tard à diverses personnes quelques autres parties du Secret, lorsqu'elle jugeait que le moment opportun pour les publier était arrivé. Mais la publication du secret tout entier n'a été faite que dans la brochure écrite par Mélanie elle-même et imprimée à Lecce en 1879, sur la demande et aux frais d'une pieuse personne.

En 1860, à Marseille, un des directeurs de Mélanie obtint un manuscrit du secret ; il me fut remis à moi-même en 1869, lorsque j'étais le directeur spirituel de Mélanie par ordre de Mgr Petagna, évêque de Castellamare de Stabia. Le 30 janvier 1870, Mélanie livra entre les mains de M. l'abbé Félicien Bliard ce même document, avec sa déclaration d'authenticité et sa signature, mais avec de petites réticences indiquées par des points et par des etc..., remplaçant ainsi les parties du Secret qu'elle ne jugeait pas devoir encore dévoiler. La partie concernant les prêtres et les religieux, presque entière, y était à sa place. M. l'abbé F. Bliard en adressa de Nice une copie, le 24 février 1870, certifiée conforme, au R. P. Séménenko, consulteur de l'Index à Rome et supérieur du séminaire polonais. Il fit de même pour plusieurs dignitaires de l'Eglise. Cependant le Secret de la bergère de la Salette s'était répandu déjà partout, en manuscrit, surtout parmi les communautés religieuses et parmi le clergé.

En 1873, M. l'abbé F. Bliard publia ce document, tel qu'il l'avait reçu de Mélanie en 1870, avec ses savants commentaires, dans une brochure intitulée : « *Lettres à un ami sur le Secret de la bergère de la Salette* ». Cette brochure parut à Naples avec l'approbation, donnée le 30 avril 1873, par la curie de son Eminence le cardinal Xyste-Riario Sforza, archevêque de Naples ; je puis certifier moi-même l'authenticité de cette approbation, et aussi l'authenticité de la lettre que j'adressai à M. l'abbé F. Bliard, en date du 1er mai 1873, après ma promotion à l'évêché de Ugento, lettre qui fut imprimée à la première page de la dite brochure.

M. C.-R. Girard, savant directeur de la *Terre-Sainte* à Grenoble, tenant de M. Bliard le secret de Mélanie, le publia dès 1872 dans son livre intitulé : « *Les secrets de la Salette et leur importance* ». Cette brochure n'était que le premier de cinq bien importants opuscules qui ont paru plus tard, et qui sont destinés, par le même auteur, à justifier et à confirmer les révélations de la Salette, ainsi qu'à les défendre des attaques de ses ennemis. Ces ouvrages de M. Girard ont été honorés de l'agrément et de la bénédiction de Sa Sainteté Pie IX et des encouragements de plusieurs théologiens et évêques catholiques. *L'Avenir dévoilé*, dans son supplément, contenait aussi le Message à peu près conforme à celui publié par M. F. Bliard.

Je vous dirai encore que pendant plusieurs années, étant l'abbé des Chanoines réguliers de Latran à Sainte-Marie de Piedigrotta à Naples, en ma qualité de supérieur de cet ordre, j'eus l'occasion d'entretenir des relations avec de très respectables prélats et princes de l'Eglise romaine. Ils étaient assez bien informés à l'égard de Mélanie et de son Secret, ils avaient reçu presque tous ce document. Eh bien ! tous, pas un seul excepté, portèrent un jugement tout-à-fait favorable à cette divine révélation et à l'authenticité du secret. Je me borne à vous citer entre autres : Mgr Petagna, évêque de Castellamare de Stabia, qui tenait sous sa tutelle, depuis quelques années, la bonne bergère de la Salette ; Mgr Mariano Ricciardi, archevêque de Sorento ; Son Eminence le cardinal Guidi ; Son Eminence le cardinal Xyste-Riario Sforza, archevêque de Naples... Ces saints et vénérables pasteurs m'ont parlé toujours de façon à me confirmer profondément dans ma croyance, devenue désormais inébranlable, à la divinité des révélations renfermées dans le Secret de la bergère de la Salette. Je tiens aussi *de source certaine* que notre Saint Père Léon XIII a également reçu ce même document *tout entier*.

Je n'oublie pas, mon cher monsieur le Curé, que le Secret contient des vérités bien dures à l'adresse du clergé et des communautés religieuses. On se sent le cœur bien oppressé et l'âme toute terrifiée quand on aborde de telles révélations. Si je l'osais, je demanderais à Notre-Dame pourquoi elle n'a pas enjoint de les ensevelir dans un éternel silence. Mais poserons-nous des questions à Celle qui est appelée le Trône de la Sagesse ! Profiter de ses leçons, voilà toute notre tâche.

Cependant, les plaintes de notre très-miséricordieuse Mère, et les reproches adressés aux pasteurs et aux ministres de l'autel ne sont pas sans raison ; et ce n'est pas la première fois que le Ciel adresse au clergé de semblables reproches destinés à devenir publics. Nous en trouvons dans les Psaumes, dans Jérémie, dans Ezéchiel, dans Isaïe, dans Michée, etc... dans les œuvres des Pères et des docteurs de l'Eglise, dans les sermons des évêques et des auteurs sacrés, dans plusieurs révélations qui ont été faites en ces derniers temps à des saints et à des saintes : dans les lettres de sainte Catherine de Sienne, dans les écrits de sainte Hildegarde, de sainte Brigitte, de la bienheureuse Marguerite-Marie Alacoque, de sœur Nativité, de l'extatique de Niederbronn, Elisabeth Eppinger, de sœur Marie Lataste, de la servante de Dieu Elisabeth Canori Mora, etc... Je passe sous silence les révélations de sainte Thérèse, de sainte Catherine de Gênes, de Marie d'Agréda, de Catherine Emmerich, de la vénérable Anna-Maria Taïgi et de plusieurs autres.

Il est toutefois certain qu'il ne faut pas prendre au pied de la lettre les termes généraux concernant les reproches adressés au clergé et aux communautés religieuses ; car il existe un langage qui est propre au style prophétique. Aussi, les termes du Secret, pas plus que les termes prophétiques de nos saints livres, ne peuvent-ils nous inspirer du mépris ou de la méfiance pour ceux qui auront toujours droit à notre respect, à notre estime et à notre confiance.

Nous nous réjouissons d'ailleurs en voyant dans le sein de l'Eglise des pasteurs et des ministres resplendissants par l'éclat de la science et de la sainteté ; que de belles âmes, que d'âmes vraiment nobles, généreuses, pleines de charité, avides de dévouement et de sacrifices n'y trouve-t-on pas ! Peut-être, monsieur le Curé, vous qui voyez fleurir autour de vous tant de fervents ministres de Dieu, vous aurez peine à comprendre les révélations si humiliantes et les paroles menaçantes et terribles adressées par l'Auguste Mère de Dieu à la phalange sacerdotale ! Ah ! s'il en était de même partout ! Mais n'oublions pas Monsieur, que la divine Mère embrasse de son regard l'univers tout entier, et que son œil si pur peut être attristé par bien des choses que nous ne pouvons ni connaître ni même soupçonner. Quelque pénible et humiliant qu'il puisse être pour nous d'entendre les révélations qui tombent des lèvres virginales de cette bonne Mère, prions-la d'obtenir de Dieu pour nous la grâce de les recevoir avec reconnaissance et avec fruit. Rien, si ce n'est notre docilité, ne pourra diminuer la rigueur des châtiments qui nous sont réservés et hâter l'avènement du règne de la justice et de la paix.

Quand au Secret imprimé à Lecce, je vous assure qu'il est identique à celui qui me fut donné par Mélanie en 1869 : elle a comblé seulement dans ce dernier ces lacunes, ces petites réticences qui, du reste, étaient loin de rien ajouter ou de rien ôter à la substance de ce document. Je l'ai moi-même fait examiner par ma curie épiscopale, suivant les règles de l'Eglise, et mon vicaire-général, n'ayant trouvé aucune raison qui pût s'opposer à la publication du secret, a délivré sa licence d'imprimer en ces termes : « *Nihil obstat, Imprimatur* », à la personne qui voulait le publier à ses frais et selon ses pieuses intentions. Cette approbation, ainsi qu'on le voit à la fin de la brochure, a été bien donné le 15 novembre 1879. La brochure a été écrite réellement et entièrement par Mélanie Calvat, bergère de la Salette, laquelle était surnommée Mathieu. Il n'est pas possible d'élever des doutes sur l'authenticité de cette brochure.

Voici maintenant ce qui concerne la personne de Mélanie. Cette pieuse fille, cette âme vertueuse, et privilégiée, que l'esprit des méchants a cherché à avilir en la faisant l'objectif de ses détestables et grossières calomnies et de son orgueilleux dédain, je puis attester devant Dieu qu'elle n'est, en aucune manière, ni fourbe, ni folle, ni illusionnée, ni orgueilleuse, ni intéressée. J'ai eu, au contraire, l'occasion d'admirer les vertus de son âme, ainsi que les qualités de son esprit, pendant toute cette période de temps que je l'eus sous ma direction spirituelle, c'est-à-dire de 1868 jusqu'à 1873. A cette dernière époque, à la suite de ma promotion de supérieur des chanoines réguliers à l'évêché de Ugento, ne pouvant désormais m'occuper de sa direction, j'ai voulu toutefois continuer avec elle des relations écrites. Je puis affirmer que, jusqu'à ce moment, sa vie édifiante, ses vertus, ses écrits, ont gravé profondément dans mon cœur les sentiments de respect et d'admiration que je dois garder bien justement à son égard.

Notre Saint Père Léon XIII, en 1879, a daigné honorer Mélanie d'une audience privée et la charger aussi de la compilation des règles du nouvel ordre préconisé et réclamé, par Notre-Dame de la Salette, et intitulé : « *Les Apôtres des derniers temps* ». Pour achever une telle rédaction, l'ex-bergère de la Salette demeura pendant cinq mois dans le couvent des Salésianes à Rome. Pendant ce temps, elle a été mieux connue et plus estimée, surtout par ces bonnes religieuses, qui ont donné de très-favorables attestations sur le compte de cette heureuse bergère de la Salette.

Je sais enfin, par mes informations, que M. Nicolas avocat à Marseille, étant à Rome, le samedi-saint 1880, a été chargé par Sa Sainteté Léon XIII de rédiger une brochure explicative du *Secret tout entier*, afin que le public le comprenne bien.

Ces renseignements suffiront, je crois, pour vous confirmer dans votre croyance. J'aurai beaucoup à vous dire encore, mais je ne veux pas vous entretenir plus longtemps dans une lettre d'une question qui ne pourrait être dignement et complétement traitée que dans un livre.

Recevez, mon cher monsieur le Curé, les sentiments de ma considération respectueuse et distinguée.

Votre très-humble serviteur en N.-S.

Signé, † SAUVEUR-LOUIS, Évêque de Lecce.

Imp. Typ. FERRÉOL-ALBANE, 24, rue de Bondy, PARIS

Prix pour la Propagande

10 Exemplaires.	2 fr. 50
20 ⟩	3 fr.
50 ⟩	7 fr. 50
100 ⟩	10 fr.

Franco de port et d'emballage à domicile.

EN VENTE A LA MÊME LIBRAIRIE :

Pièces Justificatives relatives au récit de l'Apparition de la Très Sainte Vierge sur la Montagne de la Salette, le 19 Septembre 1846, réédité par Mélanie CALVAT, en Mai 1904 : Franco, *o fr. 30.*

L'Echo de la Sainte Montagne et la **Suite de l'Echo de la Sainte Montagne**, réimpression des deux volumes de Mlle des BRULAIS, en un seul volume compacte, in-8° jésus, 2 colonnes, de 280 pages, broché. — *Prix : 2 fr. 50* : Franco, *4 fr. 80.*

Le Même Ouvrage, sur beau papier, à grandes marges, avec titres en couleurs et illustré des 10 gravures et du plan de l'Album de Mlle des BRULAIS. — *Prix : 4 fr.* ; Franco, *4 fr. 80.*

Les Premiers Témoins de l'Apparition. — Extraits analytiques des Ouvrages et Documents des Auteurs Contemporains, in-8° carré, de 310 pages. — *Prix : 2 fr. 50* ; Franco, *2 fr. 70.*

Ma Profession de Foi sur l'Apparition de N.-D. de la Salette, ou Réponses aux attaques dirigées contre la croyance des Témoins, par Maximin GIRAUD, l'un des Bergers, in-8° carré, de 64 pages. — Franco : *o fr. 75.*

Avertissements de la Providence dans les Calamités publiques, de St Alphonse de Liguori, in-18 carré, de 208 pages. — *Prix : o fr. 60.*

www.ingramcontent.com/pod-product-compliance
Ingram Content Group UK Ltd.
Pitfield, Milton Keynes, MK11 3LW, UK
UKHW021656090726
13657UKWH00004B/1996